EIN THEATER FÜR DEN KÖNIG

JOSEPHINE BARBARINOS MUSICAL THEATER NEUSCHWANSTEIN

GOTTFRIED KNAPP

EIN THEATER FÜR DEN KÖNIG

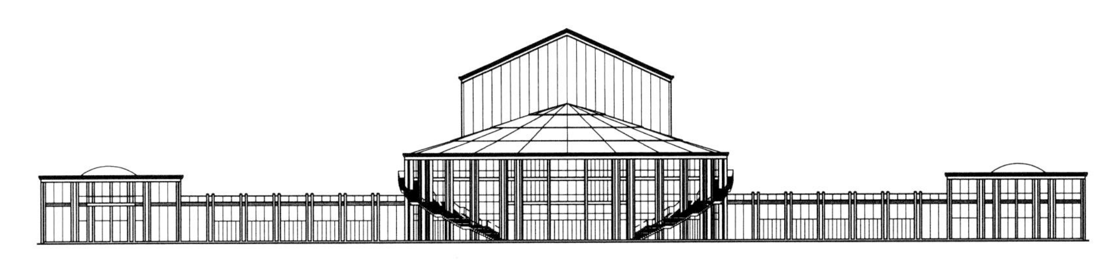

JOSEPHINE BARBARINOS MUSICAL THEATER NEUSCHWANSTEIN

SCHNELL + STEINER

„ICH HABE DEN ENTSCHLUSS GEFASST, EIN GROSSES STEINERNES THEATER ERBAUEN ZU LASSEN …“ (1864)

„ÖFTERS BESUCHE ICH DIE HÖHEN DER ISAR; DA WILL ES MIR DAS HERZ ZERSCHNEIDEN, WENN ICH DENKEN SOLL, DASS DER ERSEHNTE BAU NIE DORT AUFGEFÜHRT WERDEN SOLL …“ (1867)

LUDWIG II., KÖNIG VON BAYERN

DIE ARCHITEKTUR DES MUSICAL THEATERS NEUSCHWANSTEIN

Eines ist sicher: König Ludwig hätte das große Theater im Angesicht der Berge selber gebaut, wenn ihm noch Zeit dazu geblieben wäre; er hätte sogar eigens den Lech zum See aufstauen lassen, damit sein Königliches Theater sich würdig spiegeln kann. Natürlich hätte er sich dort nicht ein Musical über sein eigenes Leben, Leiden und Sterben, sondern etwas wie „Siegfrieds Tod" vorspielen lassen, doch die Aussicht, im dampfgetriebenen Schwanennachen den eigens aufgefüllten See zu überqueren, am jenseitigen Ufer über eine Freitreppe das eigene Festspielhaus zu betreten und von der Königsloge aus mal nach vorne ins „Tal unter der Wartburg" zu blicken, in dem Tannhäuser am Sarg seiner Elisabeth Erlösung findet, mal durch das rückwärtige Panoramafenster auf das Naturtheater der Berge bei Schwangau zu schauen und die eigene „Wartburg" zu grüßen, die immer noch auf die andere Elisabeth wartete – diese Aussicht hätte seine bauherrliche Phantasie mächtig beflügelt.

Wir sehen ihn vor uns, wie er, frisch eingezogen in Neuschwanstein, vom Wintergarten aus durch das Fernrohr die weite Voralpenlandschaft mit den malerisch verteilten Seen betrachtet und plötzlich das Haupt fast erschrocken nach hinten wirft. Er hat das zerwühlte hässliche Kiesbett entdeckt, in dem sich der Lech bei Hoch- und Niedrigwasser unzüchtig hin- und herwälzt – eine Beleidigung für den Schönheitssinn des Mannes, der auf Herrenchiemsee dem verwilderten Auenwald die geometrische Ordnung von Versailles einbeschrieben hat. Er wird die obszöne Naturblöße in einem See verschwinden lassen, der sich, wie die anderen Seen, harmonisch in die weich gemuldete Voralpenlandschaft schmiegt; und er wird sein Verschönerungswerk krönen mit dem Groß- und Fremdartigsten, was sich für dieses Bauernland denken lässt, mit einem elektrisch illuminierten, technisch revolutionären Theater am jenseitigen Ufer, exakt in der Achse des Palas von Neuschwanstein; er wird das Festspielhaus, das ihm die Münchner auf dem Isarhochufer verweigert haben, auf das Lechufer stellen; und wenn sich an seinem See kein Gestade findet, das majestätisch breit auf die Schwanenschlösser ausgerichtet ist, dann wird er eine Terrasse im See aufschütten lassen, auf der das Theater den Schlössern würdig entgegentritt. Natürlich kann der Theatersee im Schwanenland nur Schwanensee heißen.

Im Projektieren und Projizieren von märchenhaften Bauten hatte Ludwig ja Übung: Schon einmal hatte er in der Landschaft seiner Kindheit mit der Kraft der Sehnsucht Berge versetzt, schon einmal hatte er sich telepathisch aus einem Haus in ein anderes hinüberphantasiert. Die Leute aus der Gegend erinnern sich noch, wie eines Tages ein mächtiges Flügelschlagen über Hohenschwangau zu

hören war und ein riesiger Schwan über das Tal hinweg zu den ruinösen Resten der alten Burg hinaufflog.
Schon als Jüngling hatte sich Ludwig hinaufgewünscht auf den schroffen, unzugänglichen Felsen über der Pöllatschlucht. In den Sommermonaten, wenn die Königsfamilie in Hohenschwangau logierte, in diesem mittelalterlich kostümierten neuen Schlösschen, das eigentlich eher einer Villa am Meer als einer Ritterburg im Gebirge glich, war sein Blick aus dem Eckzimmer hinaufgewandert ins Unwegsame. Die Malereien, die sein Vater an den Wänden des Schlosses hatte anbringen lassen, kündeten von heldischen Zeiten und poetischen Abenteuern, die so gar nicht zur nüchternen „Prosa" seiner preußischen Mutter passen wollten. So wuchs in ihm der Wunsch, dort oben unter dem Himmel, an einem Ort, den er als „heilig und unnahbar" empfand, ein Schloss „im echten Styl der alten deutschen Ritterburgen" zu errichten.
Als er dann plötzlich König wurde und Richard Wagner in sein Leben trat, wollte er das Schloss „als Tempel für den göttlichen Freund" möglichst schnell auf die Bergspitze setzen. Er ließ sich von Bühnenmalern, die schon einmal die Wartburg überlebensschön auf die Bretter des Hoftheaters gezaubert hatten, Bilder für seine eigene Wartburg, sein Schwanenschloss draußen im Naturtheater der Ammergauer Alpen malen. Die Übertragung der delirierenden Malerphantasien auf das extrem komplizierte Relief des Gebirges – eine fast unlösbare, undankbare Aufgabe, die den Architekten und Ingenieuren zufiel – nahm dann aber, zum Ärger des Bauherren, sehr viel mehr Zeit in Anspruch als das Inszenieren einer Wagner-Oper, ja die bombastische Wiedererweckung des Mittelalters aus dem Geist des Theaters war nur mit ingeniösen Erfindungen und den allerfortschrittlichsten Techniken zu leisten. So wurden auf der planierten Felsspitze des alten Burgbergs, auf der schwierigsten Baustelle Europas, technische Konstruktionen erprobt, die erst Jahre später in der Industriearchitektur wieder Verwendung fanden.
Hätte Ludwig die Vollendung seines Schwanen-Traums noch erlebt, wäre sein Blick sicher bald wieder in die Ferne davongeschweift. Zum Falkenstein hatte er schon vorher begehrliche Blicke hinübergeschickt; auf dieser – um mit Wagner zu schwelgen – „freien Bergeshöhe" sollte die architektonisch aufwendigste Vision des Mittelalters erstehen. Die Pläne waren schon baureif. So war es fast unvermeidlich, dass Ludwig im Wintergarten von Neuschwanstein zum Fernrohr griff, ins Land hinausschaute und dort das Theater zu erkennen glaubte, das er immer schon hatte bauen wollen, das ihn endgültig unabhängig machte von der verhassten Residenzstadt.
Nie wieder München! Ein Festspielhaus am Schwanensee! – nein diesen Traum hat Ludwig nicht mehr wahrmachen können. Zwar ist der Lech irgendwann aus ganz unköniglich banalen Gründen tatsächlich aufgestaut worden – jedes Jahr darf er ein paar Sommermonate lang „Forggensee" spielen, dann muss er wieder zurück in sein schmutziges Gerinne –, doch das Theater am Lech hat offenbar niemand vermisst und auch niemand bauen wollen. Da musste schon einer kommen, der ähnlich ungeniert und hartnäckig wie der König in die Welt hineinphantasierte, anstehende Probleme einfach nicht zur Kenntnis nahm und sich bei seinen künstlerischen Projektionen durch die Warnungen der Techniker, durch deprimierende Finanznöte, lästige Genehmigungsverfahren und nachtschwarze Prognosen nicht bremsen oder auch nur beeindrucken ließ. Dieser Mann hat sich irgendwann zur Stelle gemeldet. Er heißt Stephan Barbarino, stammt aus Burghausen, also aus einer Gegend an der österreichischen Grenze, die nicht im Verdacht steht, vom König-Ludwig-Fieber verseucht zu sein. Er hat als Theater-Regisseur und -Intendant fast in ganz Deutschland gearbeitet. Den bayerischen Märchenkönig hat er als mythische Figur der deutschen Kulturgeschichte immer schon bewundert, doch Ludwigs prachtstrotzende Bauten lernte er erst schätzen, als er selber schon unrettbar auf den Spuren des großen Architektur-Träumers eingesunken war und seine eigene Arbeit als posthume Verwirklichung königlicher Utopien empfinden musste.
Im Jahr 1995 – die Kulturkanäle in Europa waren damals verstopft mit Sendungen zum 150. Geburtstag von König Ludwig II. – stellte Stephan Barbarino verwundert fest, dass das Leben und Schaffen Ludwigs, dessen Leidenschaft neben der Baukunst ja vor allem dem (Musik-) Theater gegolten hatte, zwar in vielen Filmen gefeiert oder kolportiert, aber in keinem ernst zu nehmenden Bühnen- oder Musikwerk behandelt worden ist. Das konnte der Theatermann nicht auf sich und seiner Zunft sitzen lassen.
Er begann also nachzudenken, welche Theaterform geeignet wäre, die vielfältig schillernde Persönlichkeit des Märchenkönigs in all ihren tragikomisch bewegenden und volkstümlich bizarren Aspekten wieder zum Leben zu erwecken. Er kam auf das Musical, diese an deutschen Stoffen noch kaum erprobte populäre Kunstform, in der sich die erotischen wie die politischen Verirrungen des Königs, die musikalischen wie die bildnerischen Delirien des Träumers Ludwig effektvoll ausstellen, übersteigern und liebevoll ironisch brechen ließen.
Danach mussten eigentlich nur noch suggestive Bilder und Szenen für die Bühne gefunden, eine Dramaturgie entwickelt, Songtexte geschrieben, ein Komponist gefunden, jede Menge zündende Musik komponiert, ein Bühnen-Magier engagiert, Geldgeber aufgetrieben, ein Bauplatz gefunden, eine Baugenehmigung erwirkt, ein Theater entworfen und gebaut, Sänger und Schauspieler engagiert und das

Ganze schwungvoll inszeniert werden – und die Welt konnte ihr erstes König-Ludwig-Musical feiern. Dass all diese nicht ganz unwesentlichen Probleme aufs Schönste gelöst worden sind, bestätigen die Besucher des Musicals seit einem Jahr achtmal in der Woche recht eindrucksvoll.

Wann der Bühnenbildner Heinz Hauser in das Projekt eingestiegen ist, und wie es geschehen ist, dass der Komponist Franz Hummel, den man bis dahin eher in den höheren Sphären der E-Musik vermutet hatte, sich als einzig legitimen Ludwig-Komponisten ins Spiel brachte, ist in der schönen Dokumentation über „Das Musical und seine Geschichte" aufgezeichnet. Hier soll es um einen vergleichsweise kleinen Part im Gesamtkunstwerk des Füssener „Königswelten"-Projekts gehen, der gleichwohl gewaltige Ausmaße annahm und höchste Ansprüche stellte, nicht nur rein physisch, sondern auch organisatorisch und vor allem künstlerisch: um das Theatergebäude, das eigens für das Musical errichtet wurde und in all seinen Details auf Ludwig und die Fiktion seines Lebens, wie sie auf der Bühne entsteht, bezogen ist.

Bei den ersten Überlegungen hatte Barbarino noch an eines der nach dem Krieg wiederaufgebauten Theater in München gedacht, in denen Ludwig II. seine musikalischen Séancen, seine legendär-berüchtigten Separatvorstellungen abgehalten hat: an das Alte Residenztheater, das heute Cuvilliéstheater heißt, oder an das Volkstheater am Gärtnerplatz, das Ludwig 1865 eröffnet hat. Doch beide Bühnen – sie werden heute von den Staatstheatern bespielt – hätten nur in den Theaterferien kurzfristig zur Verfügung gestanden und den hohen bühnentechnischen Anforderungen des geplanten Musicals nicht genügt. So wollte man das Theater an die außerhalb Münchens liegenden „Originalschauplätze" der Ludwig-Legende verlegen. Die perfekt konservierten Kulturlandschaften von Linderhof und

Herrenchiemsee kamen aber für einen großen Neubau nicht in Frage. So blieb eigentlich nur der Königswinkel bei Neuschwanstein, also die Gegend um die konkurrierenden Gemeinden Füssen und Schwangau, als Projektionsfläche für die Ludwig-Vision übrig.
Doch dort wohnten nicht nur Leute, die stolz auf Ludwig waren und mit ihm Geld verdienten, sondern auch solche, die grundsätzlich dagegen waren, dass sich jemand ihrer Mythen und ihrer Landschaft bemächtigte. So wurde das Musical Theater auf den Geländeplänen eine Zeitlang munter hin- und hergeschoben: Zuerst war ein Bauplatz im Füssener Ortsteil Ehrwang zwischen Klärwerk und Forggensee in Aussicht gestellt, dann ein Grundstück an der Tegelbergbahn bei Schwangau, dann eine Wiese direkt unter Neuschwanstein, schließlich sogar ein Platz im Forggensee, den es noch gar nicht gab, der erst noch durch Aufschüttung geschaffen werden musste. Die Baupläne für das Theater waren schon weit gediehen, die Szenenfolge für das Musical schon bis ins Detail festgelegt, einzelne Musiknummern waren schon komponiert, die ersten Pressekonferenzen hatten schon stattgefunden, doch noch immer stand nicht fest, wo eigentlich gebaut werden durfte und wo die Besucher parken durften.
Als dann endlich die Genehmigungen eintrafen, war nur noch das schwierigste Grundstück übrig. Warum sollte es den Leuten, die auf Ludwigs Spuren wandelten, besser gehen als dem König selber. Ludwig musste als Bauherr immer Berge versetzen, um seine Visionen verwirklichen zu können. Genau das mussten auch die Erbauer des Ludwig-Theaters tun: Sie mussten einen Berg in den See schütten, um überhaupt erst einen Platz zum Bauen zu bekommen.
Doch das ursprünglich gar nicht vorhandene, nur in Gedanken existierende Grundstück, dieses Stück Utopie, war mit Abstand der reizvollste und ergiebigste Ort, um mit Ludwig

künstlerisch Kontakt aufzunehmen. Denn die dreieckige künstliche Halbinsel liegt so im See, dass der Blick ungehindert über die sommerliche Wasserfläche oder über das winterliche Kiesbett auf die beiden Königsschlösser und die Berge dahinter schweifen kann. Neuschwanstein liegt, wenn man es von dort aus betrachtet, genau in der Mitte zwischen den Massiven des Tegelbergs und des Säulings, es wird also höchst wirkungsvoll von den beiden markantesten Bergen der Gegend flankiert; und es zeigt sich in seiner ganzen stolzen Länge, also nicht perspektivisch verkürzt, sondern axial von der Flanke her, was besonders nachts, wenn es angestrahlt ist und mit dem ockerfarbenen Würfel von Hohenschwangau kommuniziert, seinen großen Reiz hat.
Zu den Glücksfällen, die nötig waren, damit die Utopie eines privat finanzierten Theaterbaus in der ländlichen Provinz vitale Realität werden konnte, gehört auch die Tatsache, dass Stephan Barbarino zufällig mit einer Vertreterin jenes Berufsstands verheiratet ist, der bei der Konkretisierung der ehrgeizigen Theaterpläne am dringendsten gebraucht wurde, mit einer Architektin. Zwar ist kaum je ein Theater von einer Frau gebaut worden – die Weltstars Gae Aulenti und Zaha Hadid warten immer noch auf den längst versprochenen Auftrag –, doch Josephine Barbarino hatte den möglichen männlichen Konkurrenten einiges voraus: Sie hat an der Seite ihres Mannes in den Jahren zuvor an mehreren Theatern praktische Erfahrungen sammeln können; sie hat unter Ivan Nagel das Foyer des Kleinen Hauses der Stuttgarter Staatstheater umgebaut. Doch vor allem war sie vom ersten Tag an vertraut mit den bizarren Entwicklungen, die das Ludwig-Projekt im Lauf der Jahre nahm; sie hatte teil am Geheimwissen und konnte darum so direkt wie niemand sonst auf die Wünsche und Vorstellungen des kreativen Zentrums reagieren.

In den ersten Planungen für einen Standort bei Füssen hatten die Barbarinos noch die schöne Idee verfolgt, die Bühne mit ihrer Rückseite axial auf Neuschwanstein hin auszurichten und während der Aufführung so zu öffnen, dass die Zuschauer das beleuchtete Originalschloss im Hintergrund des Bühnengeschehens sehen können. Doch für diesen märchenhaften Fata-Morgana-Effekt, der nur an schönen Tagen funktionieren konnte, hätte man den Zuschauerraum und damit auch die Foyers auf die schlossabgewandte Nordseite des Bühnenhauses packen, also den Besuchern in der Pause den großartigen Alpen- und Schlösserblick verwehren müssen. So wurde das imaginierte Gebäude erst einmal um 180 Grad gedreht. Auch von der ursprünglichen Vorstellung, das Theater, wie das Festspielhaus in Bayreuth, weitgehend aus Holz zu bauen, musste bald abgerückt werden; nur mit Beton ließen sich bei der vorgesehenen Bausumme die Auflagen der Versammlungsstätten-Verordnung erfüllen.

Die letzte Vorentscheidung für die Gestalt des Bauwerks fiel, als die Genehmigung für die Aufschüttung des Geländedreiecks im Forggensee nördlich vom Bootshafen erteilt wurde. An diesem Tag müsste eine lange französische Jubelarie im Paradies der einsamen Könige zu hören gewesen sein. Denn nach Jahren der unterschiedlichsten Behinderungen waren nun plötzlich alle Träume denkbar. Vor allem räumlich taten sich ungeahnte Dimensionen auf. Ein Bauabenteuer von königlichen Ausmaßen konnte unter recht unköniglichen Etatbedingungen beginnen.

Am 7. März 1998 trifft die letzte wasserrechtliche Genehmigung ein. Sofort danach rollen Bagger und Lastwagen in die winterlich offene Kiesgrube des abgelassenen Forggensees und fangen an, das dreieckige Stück Neuland, auf dem das Theater stehen soll, aufzuschütten und zu planieren, denn schon im Juni muss der See vollgelaufen, also das neue, frontal auf

Neuschwanstein ausgerichtete Ufer befestigt sein. In der Nacht vom 14. auf den 15. Mai sind 35 Mischfahrzeuge pausenlos zwischen den vier nächstgelegenen Betonwerken und der Baustelle unterwegs, um die 1700 Kubikmeter Beton anzukarren, die für die gigantische auftriebssichere Wanne unter dem Bühnenhaus gebraucht werden; sie wird die einzigen unterirdischen Teile des Bauwerks – die Drehbühne und den Orchestergraben – gegen das im Sommer ansteigende Grundwasser abschirmen. Nach diesen spektakulären, die Landschaft am See entscheidend verändernden Vorarbeiten konnte auf der künstlich geschaffenen Halbinsel mit dem Bau des Theaters und der Anlage der Gärten begonnen werden.

Dass das privat finanzierte Fest- und Kult-Gebäude, das laut Pachtvertrag ausschließlich dem Leben Ludwigs II. gewidmet sein darf und spätestens nach fünfzig Jahren spurlos aus der Landschaft verschwunden sein soll, trotz dieser Vorgaben nicht wie ein Provisorium aussieht, ist ganz allein die Leistung von Josephine Barbarino. Sie hat den quasi innerfamiliären Direktauftrag nicht als bequemes Geschenk, sondern als höchste Herausforderung angenommen, hat zu Etatbedingungen, bei denen andere Architekten nur konstruktives Stückwerk hätten bieten können, einen neuen, höchst logischen Idealtypus von Theater kompiliert, ja zum Preis einer Tiefgarage ein Festspielhaus gebaut, das die von Ludwig gestifteten Bautraditionen aufnimmt und mit modernen Mitteln demokratisch umdeutet.

Man braucht nur die in den letzten Jahren gebauten Musical Theater, die sozusagen den Maßstab bilden, zum Vergleich heranzuziehen, um den Klassenunterschied zu sehen: In der Regel sind das gigantische Zuschauerscheunen, die in architektonisch charakterlose Einkaufs-, Bade-, Schlaf-, Fress-, Sauf- und Vergnügungs-Zentren irgendwo an der Autobahn oder auf der grünen Wiese eingehängt sind; sie haben, wie das Phantom in der Oper, nicht einmal ein vorzeigbares Gesicht. Die Erbauer des Musical Theaters in Füssen haben bei ihrem Auftritt in König Ludwigs Welt buchstäblich am Allerhöchsten Maß genommen: an den revolutionären Theaterbauten, die Ludwig selbst projektiert oder aber entscheidend mitfinanziert hat. Im Jahr 1866 ließ sich der junge König von Gottfried Semper, dem wichtigsten deutschen Architekten der Epoche, das Modell für das geplante Wagner-Festspielhaus auf dem Isarhochufer in München erläutern. Das Haus ist mit seiner breit ausladenden Renaissance-Fassade eindeutig auf den Isarhang und die jenseits liegende Altstadt hin ausgerichtet: Zwei übereinandergestellte monumentale Rundbogenarkaden, die als Zubringer und Foyers fungieren, ziehen sich im Halbkreis um das Rund des Zuschauerraums und stoßen dann im rechten Winkel als Seitenflügel und Treppenhäuser weit in den Park hinein nach vorne.

Sempers eindrucksvolle architektonische Neuformulierung des Themas „Theater und Öffentlichkeit“ wurde an der Isar zwar nie verwirklicht, dennoch hat sie höchst prominent in die Geschichte gefunden: In Dresden, wo Semper schon 1841 das Hoftheater errichtet hatte, konnte sein Sohn Manfred Semper 1878 nach dem Brand des ersten Semper-Baus das Opernhaus in Anlehnung an die für München vorgeschlagenen Formen neu errichten. Und auch im Wiener Burgtheater – in seinem Grundriss, in den Prachtfassaden und in den langen Seitenflügeln – lebt die Münchner Theateridee Sempers standesgemäß weiter.

Doch noch stärker und direkter als sein Baumeister-Freund Semper, der noch die überkommene Form des hierarchisch um die Fürstenloge herum gruppierten Rang-Theaters paraphrasierte, hat der Theaterpraktiker Wagner mit seiner Idee eines hierarchiefreien Amphitheaters die Geschichte des Theaterbaus in Europa revolutioniert. Wagner erträumte sich für die Aufführung seiner Werke einen Zuschauerraum, in dem nicht mehr das gesellschaftliche Ritual des Sehens und Gesehenwerdens, sondern die dramatische Handlung auf der Bühne im Mittelpunkt steht. Im Festspielhaus in Bayreuth sind also erstmals alle Seitenlogen und Ränge abgeschafft; in dem riesigen, baulich extrem schlichten, scheunenartigen Gehäuse sind alle Plätze in einer fächerförmigen Anordnung frontal auf das Bühnenportal hin ausgerichtet; die Reihen sind also konzentrisch gekurvt und auf einer ansteigenden Ebene so übereinandergestaffelt, dass von jedem Platz aus das Geschehen bis tief hinein in die Bühne gleich gut verfolgt werden kann.

Die Zuschauer in den Reihen bilden zusammen einen Keil, der seine Spitze ziemlich genau im Zentrum des Bühnenhauses hat. Zwischen dem konisch sich verengenden Besucherkeil und den Außenwänden des schlichten kubischen Raumrechtecks tun sich auf beiden Seiten unbenutzte Zwickel auf. Sie sind durch seitlich hereinfahrende, kulissenartige Scherwände und Säulen rhythmisch gegliedert und perspektivisch effektvoll auf die Bühne hin ausgerichtet. Der Illusionszauber, der von den Kulissen auf der Bühne ausgeht, schlägt also durch bis in den Zuschauerraum; oder anders ausgedrückt: Die Besucher werden durch die Flucht der seitlichen Säulen über den Orchestergraben hinweg direkt ins Geschehen hineingezogen. Die seitlichen Kulissenwände im Zuschauerraum tun aber auch akustisch wahre Wunder: Sie verteilen den Klang so gleichmäßig auf die Sitzreihen, dass sich an keiner Stelle die gefürchteten Löcher auftun, die anderswo mühsam geflickt werden müssen.

Josephine Barbarino hat die ganz unterschiedlichen Vorzüge der beiden mit Ludwig verbundenen Theaterprototypen in ihrem „Theater für den König“ kombiniert und für die veränderten Bedürfnisse adaptiert. Genau das haben schon Berühmtere vor ihr getan – und damit viel Beifall geerntet. Max Littmann beispielsweise, einer der progressivsten deutschen Theater-

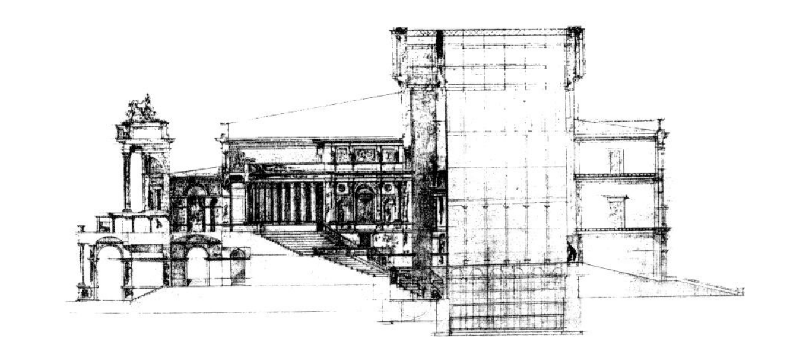

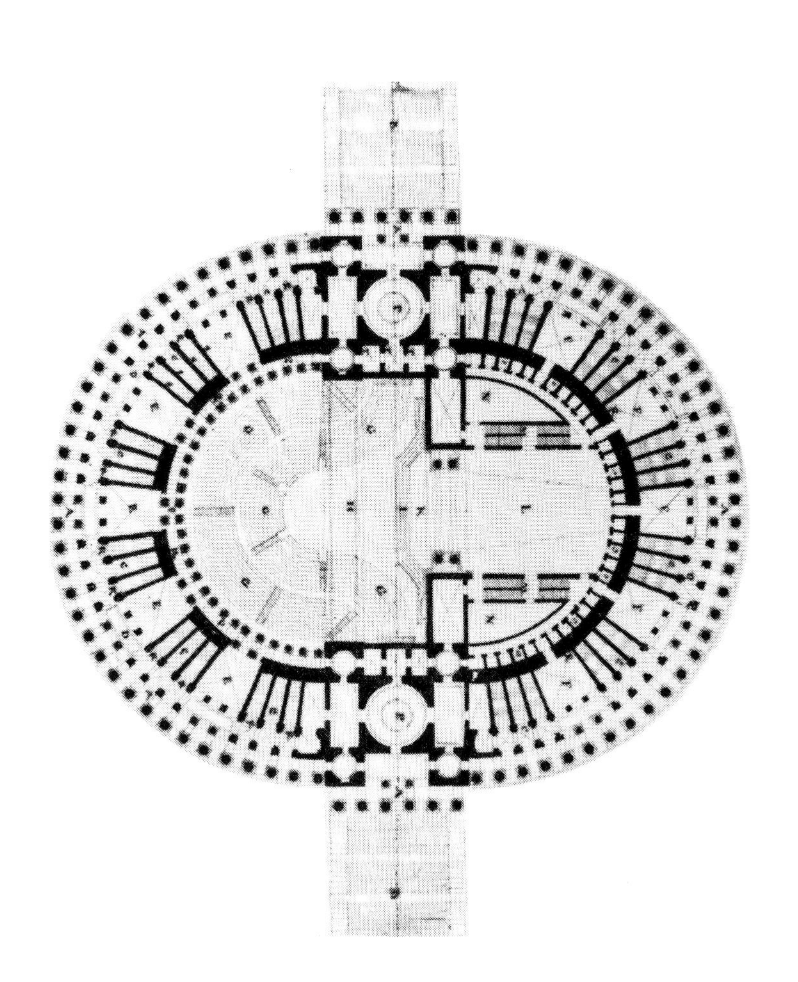

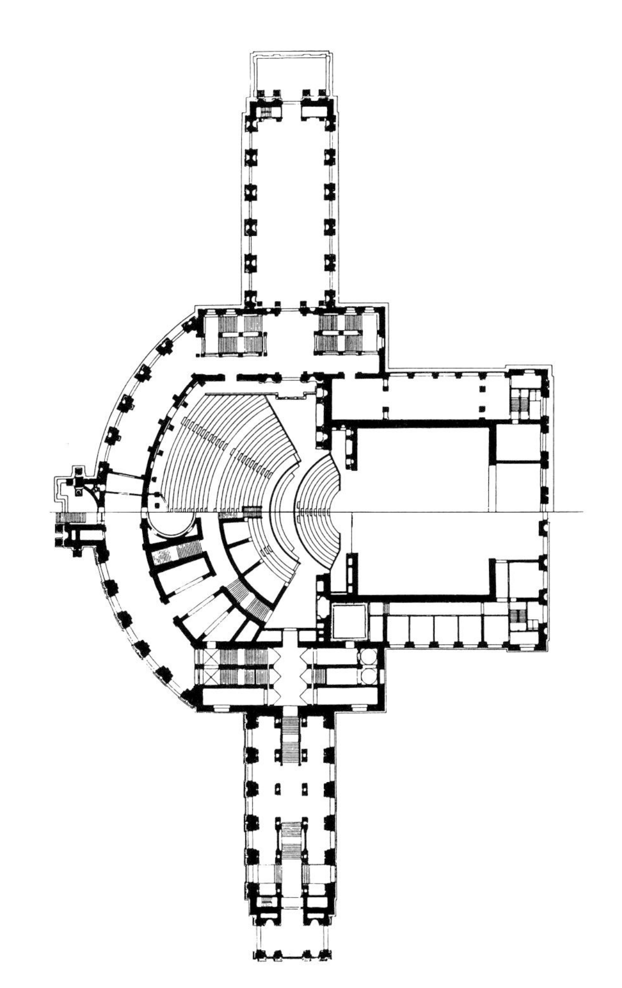

AMPHITHEATER: DIE ENTWICKLUNG EINER IDEE IM 19. UND 20. JAHRHUNDERT

1827
Jean Nicolas Louis Durand: Entwurf für ein Idealtheater.
10 000 Plätze

1867
Gottfried Semper: Entwurf für das Richard-Wagner-Festspielhaus auf den Isarhöhen in München. Modellfoto S. 4

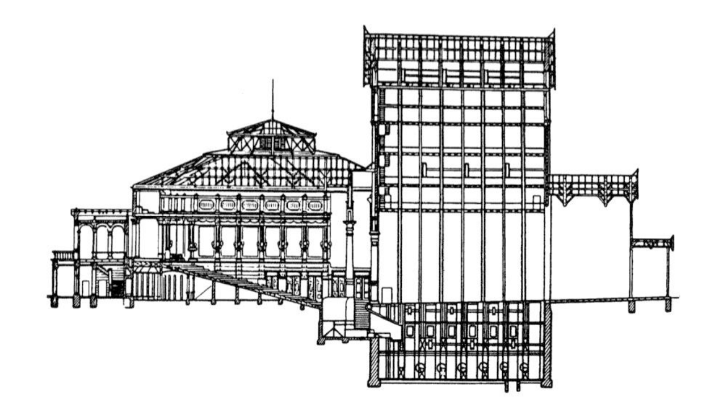

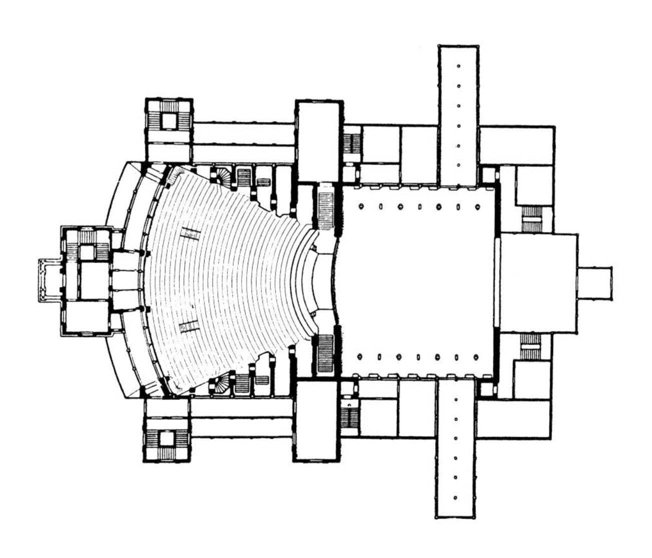

1876
Otto Brückwald: Wagner-Festspielhaus in Bayreuth.
1925 Plätze

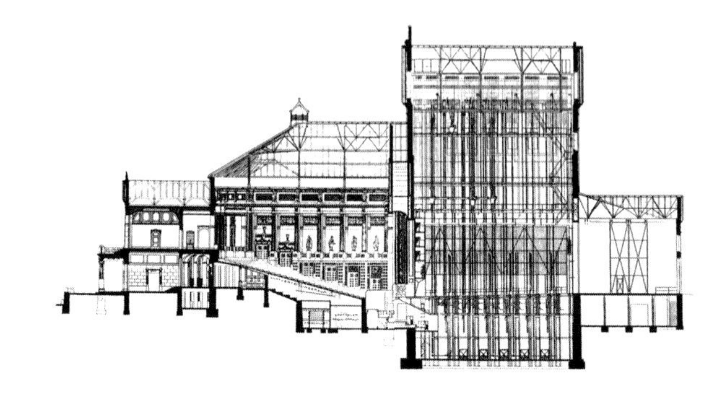

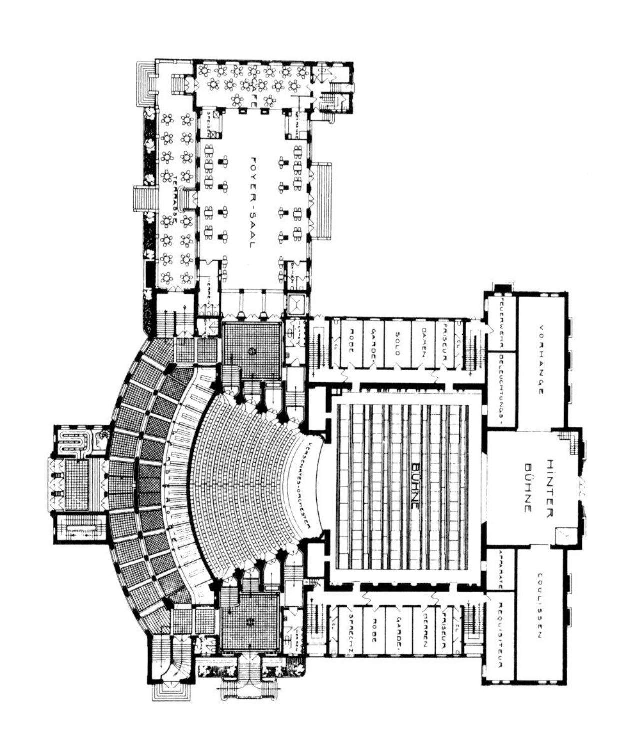

1901
Max Littmann: Prinzregententheater in München.
1089 Plätze

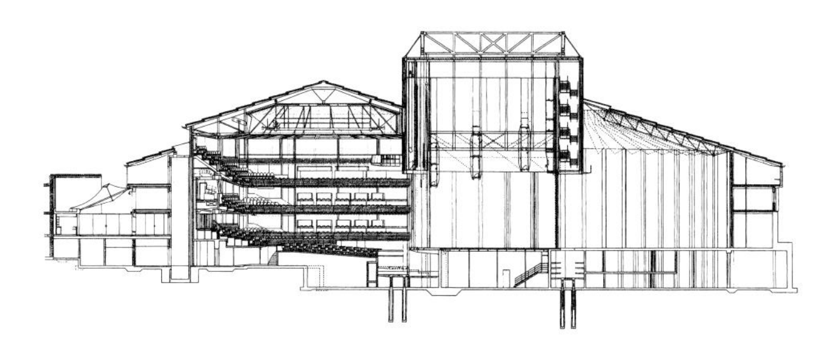

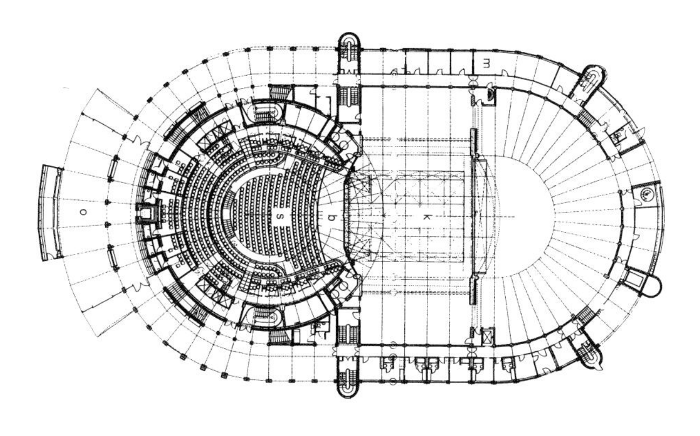

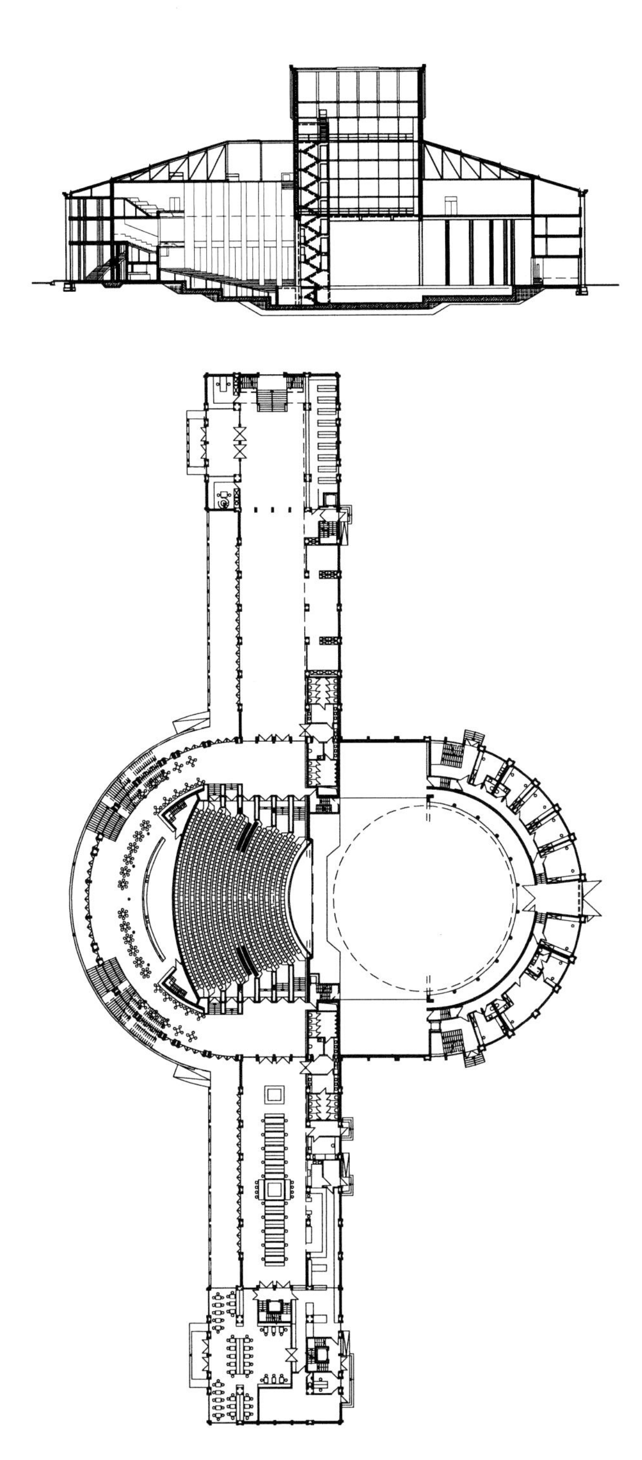

1994
Michael Hopkins & Partner: Festival Opera House in Glyndebourne.
1202 Plätze

2000
Josephine Barbarino: Musical Theater Neuschwanstein.
1387 Plätze

Das Prinzregententheater in München. Die Experimentierscheune von Bayreuth wurde hier luxuriös nachgebaut.

Das Festspielhaus in Bayreuth. In seinem Zuschauerraum sind erstmals die Standesunterschiede konsequent abgeschafft.

architekten der Zeit um 1900, hat beim Prinzregententheater in München den Semperschen Theatertypus mit der runden Foyerfront, dem kräftig hervorgehobenen Portalbau in der Mitte, den seitlichen Treppentürmen und dem abstehenden Seitenflügel, nur geringfügig abgewandelt, ihm aber eine reich dekorierte Variante des Bayreuther Amphitheaters mit jugendstilbunten seitlichen Scherwänden einbeschrieben. Übrigens ist auch dieser für Münchens Theatergeschichte und für die Wagner-Tradition im 20. Jahrhundert so wichtige Bau von einem privaten Konsortium in Auftrag gegeben worden.
Josephine Barbarino hat aus Sempers Festspielhausplänen das mächtig hervortretende Halbrund der Foyerräume und die beidseitig lang ausscherenden Seitenflügel als festliche Grundformen übernommen, den Zuschauerraum aber als Wagnerschen Fächer mit seitlichen Scherwänden angelegt. Da aber keiner der Zuschauer weiter als 28 Meter von der Bühne entfernt sitzen sollte, musste sie, um auf 1400 Plätze zu kommen, zwei Ränge hinter dem Parkett übereinander setzen, was die reizvolle Möglichkeit eröffnete, für Liebhaber eine Königsloge einzurichten und in spielerischer Form mit dem allfälligen Prunk und einer eigenen Servicestation auszustatten.
Bei vielen berühmten Theaterbauten fällt die Disproportion zwischen den üppig einladenden Fassaden der Publikumstrakte und der schroff abweisenden Architektur des dahinterliegenden Bühnentraktes unangenehm ins Auge. Josephine Barbarino hat diesen scheinbar unauflöslichen Gegensatz in ihrem allseits den Blicken ausgesetzten Theater am See geschickt gemildert, indem sie dem Halbrund des Zuschauerhauses auf der Rückseite, also jenseits des hohen Bühnenturms ein gleich großes, gleich hohes Gebäudehalbrund spiegelbildlich gegenübersetzte und die beiden durch das Bühnenhaus getrennten Halbtonnen unter einem gemeinsamen Dach zusammenfasste. Durch dieses rund um das Gebäude laufende Dach und seine geringe Traufhöhe von 13 Metern konnte die schroffe Wirkung des 32 Meter hohen Bühnenturms auf die Umgebung entscheidend gemildert werden.
Schon um 1900, als ein neuer Theatertypus – das gegen Brandkatastrophen abgesicherte Reformtheater – erprobt wurde, ist diese Form von mehreren Architekten angedacht worden, doch erst viel später, in den 90er Jahren, ist dann auch ein Haus in dieser Form verwirklicht worden. Michael Hopkins hat im idyllischen englischen Festspielort Glyndebourne das neue Opernhaus als gelängten Kreis in die malerisch heterogene Umgebung eingefügt. Doch bei ihm ist nur der konservativ logenbewehrte Zuschauerraum auf der Kreisform aufgebaut, das Bühnenhaus aber ist ein Rechteck, um das sich im Halbkreis die Künstlergarderoben und die Sozialräume für das Bühnenpersonal scharen. In Glyndebourne kann man den hohen Reiz der symmetrischen Theaterkomposition also eigentlich nur in den Grundrissen studieren; schon beim Dach leistet sich Hopkins eine Variante, indem er dem runden Zuschauerraum ein leicht angehobenes, rundes flaches Kegeldach überstülpt.
In Füssen schmiegt sich der fächerförmige Zuschauerraum in den südlichen Halbkreis hinein; der nördliche Halbkreis aber spannt sich wie eine gigantische Apsis um die Kurve der riesigen Drehbühne. Zehn schlanke Stützen stehen im Halbkreis um die Drehbühne und formieren mit der Rückwand einen Rundhorizont, der den Erfindern des Musicals die Möglichkeit zu überwältigenden landschaftlichen Tiefenperspektiven und zu Innenraumwirkungen von wahrhaft märchenköniglichen Größenordnungen spendierte. Die vordere Hälfte der Drehscheibe fährt in das Rechteck der Hauptbühne hinein, über dem die Kulissen in den Bühnenturm hochgezogen werden. Die Drehbühne – mit 28 Metern Durchmesser ist sie die zweitgrößte Deutschlands – wird also

zum Anlass für einen eindrucksvollen Halbrundbau, der mit dem Halbrund des Publikumsbereichs bestens harmoniert.
Um den haushohen Beton-Zylinder des Rundhorizonts läuft in vier Geschossen je ein Gang herum, der in einem langen Bogen die außen liegenden, also zur Landschaft sich öffnenden, tagsüber schön hellen, also gar nicht gruftartigen Künstlergarderoben, Kostümdepots, Verwaltungs-, Sozial- und Sanitärräume erschließt. Wer die eingeklemmten lichtlosen Kantinenhöhlen in anderen Theatern – etwa in der legendären Met in New York – kennt, der traut seinen Augen nicht, wenn er das strahlend helle Panoramarestaurant im Scheitel der Bühnenkurve betritt, das den Mitarbeitern des Musicals ganztägig zur Verfügung steht. Und noch einen praktischen Vorteil bringt der mächtige Rundbau des Bühnenhauses mit sich: Über der halbrunden Hinterbühne und dem Garderobenring, also direkt unter dem teilweise verglasten Dach, ist Platz für einen Probenraum, in dem sich Szenen jeder Größenordnung einstudieren und exakt auf das Rund der darunterliegenden Drehbühne abstimmen lassen.
Josephine Barbarino hat also die funktionalen und ästhetischen Vorteile der auf Ludwig beziehbaren Theater schlüssig miteinander kombiniert; sie hat die theaterinternen und die öffentlichen Funktionen in architektonisch deutlich profilierten, großzügig dimensionierten Trakten separiert und so einen musiktheatralischen Idealtypus gefunden, der in der Sprache der Moderne selbstbewusst mit der großen Vergangenheit und der königlichen Nachbarschaft konferiert, aber auch den Spiel- und Unterhaltungsformen des Musicals jederzeit gerecht wird, ja sich mit jedem Detail in den Dienst des hausgemachten Spektakels stellt.
Der einzige Luxus, den sich die Erbauer des Musical Theaters geleistet haben – er hat nicht viel gekostet, bringt aber für die Besucher enorm viel –, sind dic, mit städtischen Verhältnissen verglichen, geradezu verschwenderischen Dimensionen, die das Haus auf dem künstlich geschaffenen Theaterpolder annehmen konnte: 160 Meter ist das Gebäude mit seinen beiden Seitenflügeln und den Pavillons an den Enden breit; nicht einmal das kaiserlich-königliche Burgtheater in Wien kann da mithalten. Und so wie das Burgtheater am Ring auf das gegenüberliegende Rathaus axial Bezug nimmt, so ist das Musical Theater in ganzer Breite axial auf die ferne Kulisse von Schloss Neuschwanstein hin ausgerichtet, ja es öffnet sich mit seinen Flügeln in einer großen Geste zum Königsschloss hin.
Macht man sich klar, mit welch minimalen Konstruktions- und Dekorationsmitteln der vielteilige, multifunktionale Bau errichtet und ausgestattet wurde, dann kann man nur von einem Triumph der Ökonomie sprechen. Der elegante Rhythmus der einzelnen Teile und die ästhetische Erscheinung des Gesamtbaus werden ausschließlich von bautechnischen Elementen bestimmt; oder anders ausgedrückt: Die innen wie außen überall sichtbare, rohe, unverkleidete Tragekonstruktion aus Fertigbeton ist der einzige Schmuck der Architektur. Das klingt nach Brutalismus im Stil der 60er Jahre, hat aber fast eine gegenteilige Wirkung: Die Reduktion der tragenden Elemente auf die schlanken Doppelstützen machte es möglich, die Wände an der langen Südfront, also zum See, zu den Alpen und zu den Schlössern hin, von oben bis unten in Glas aufzulösen und so das Tageslicht und die Natur bis tief in die Publikumsbereiche hereinzuholen. Die langen Seitenflügel mit den luxuriös breiten Kolonnaden davor werden so zu Wandelhallen, um die mancher Kurort zu beneiden wäre.
Mit den scharfkantigen, paarweis gesetzten Gussbetonstützen, die das Traggerüst bilden, hat Josephine Barbarino nicht nur eindrucksvoll die Historie zitiert – sie sind eine Hommage an die Doppelsäulen und -Pilaster, mit denen Gottfried Semper die Fassaden seines Münchner Festspielhauses zieren wollte –, sondern auch eine ganze Reihe praktischer und ästhetischer Probleme bewältigt. So ist es gelungen, im Inneren die gesamten Lüftungs- und Heizungsanlagen in den schmalen Zwischenräumen zwischen den Stützen zu verstecken und mit hohen Spiegeln und ornamentalen Gittern perfekt zu tarnen. Mit ähnlich schlichten, doch wirkungsvollen Mitteln haben schon die Dekorkünstler Ludwigs in den Schlössern die schnöden Monstrositäten der Technik aus den Stilräumen weggeblendet.
In anderen Funktionsbereichen des Theaterbaus werden die Lücken zwischen den Pfeilern bewusst ausgestellt: Im „ClassicCafé" etwa sind in die Zwischenräume höchst praktische Regale für Trinkgläser eingebaut; und draußen auf den Terrassen bewähren sich die Doppelpfeiler plötzlich als Rankgerüst für schnellwachsende Pflanzen.
Die beiden eingeschossigen Seitenflügel und die zweigeschossigen Pavillons am Ende der 160 Meter langen Front sind mit diesen Doppelstützen in dreischiffige Hallen aufgeteilt. Das zum See hin gerichtete südliche Seitenschiff bleibt in den Flügeln als Kolonnade zur Landschaft hin offen. In das nördliche Seitenschiff sind zu ebener Erde alle Serviceeinrichtungen, also Garderoben, Läden, Toiletten, Telefonzellen, Lifts, Küchen und Buffeteinrichtungen, und im eingehängten Zwischengeschoss die Sozialräume für die Angestellten der „Königswelten" logisch eingepasst. Das sehr viel breitere Mittelschiff bleibt also ganz für den Publikumsverkehr frei und kann seine stolze Höhe von 5,25 Metern wirkungsvoll ausspielen. Wenn die Türen zum Theatersaal beidseitig geöffnet sind, eröffnet sich den Besuchern sogar ein Blick vom Anfang der einen Halle durch den Zuschauerraum hindurch bis zum Ende der jenseitigen Halle.

In sich sind die beiden symmetrischen Flügel stark differenziert. Die Besucher betreten das Haus durch den westlichen Pavillon, der fast bis zum alten Uferweg vorstößt. Nach dem Passieren des Kassenvorraums, der das südliche Seitenschiff beansprucht, kommen sie in den hohen Raum der Eingangshalle, wo unter einer kleinen flachen Deckenkuppel, einem Mini-Pantheon mit verglaster Mittelöffnung, die begehbare Brunnenskulptur von Zygmunt Blazejewski mit ihren aufgestellten Glasplatten die Blicke auf sich zieht. Über die symmetrisch sich teilende Treppe am Kopfende des Westtrakts steigen die Gäste hinauf in das flache Zwischengeschoss – es enthält hier die Toiletten des Cafés – und weiter in das helle Obergeschoss des Pavillons, in das „Classic-Café", das sich quasi im Bereich der Seitenschiffe emporenartig um den zentralen Raumschacht herumgruppiert. Dieses ganztägig geöffnete Kaffeehaus wird durch Genia Chefs computergenerierte, phantastisch anspielungsreiche Landschaftsgrisaillen an den Wänden festlich überhöht. Vom Café aus können die Besucher hinaustreten auf die schier endlose Dachterrasse über dem Seitenflügel, diesen Festraum unter freiem Himmel, für den die passenden Kultformen erst noch erfunden werden müssen. Die Halle darunter, die hinüber zum Theater führt, ist tagsüber ein belebter Durchgangsraum und wird vor den Vorstellungen fast zum Rummelplatz, was den Betreibern des dort eingerichteten „TheaterMarkts" nur recht sein kann.
Im östlichen Flügel jenseits des Zuschauerraums – er stößt auf die Halbinsel hinaus vor und ist ganz für gastronomische Einrichtungen reserviert – wird es dann zunehmend ruhiger. In der langen Halle lädt die „BierWirtschaft" mit einer ironisch verspielten Akkumulation von Hirschgeweihen, einem Maibaum, einem geschlitzten weißblauen Zelt und langen massiven Holztischen und -bänken zur bayerischen Brotzeit ein. In der warmen Jahreszeit,

wenn die Gäste draußen auf der weiten Terrasse und auf den sonnigen Freiflächen im Garten sitzen können, wird aus dem Selbstbedienungs-Restaurant ein veritabler Biergarten mit fast konkurrenzloser Aussicht.
Im Pavillon am Ende der Achse lässt der Besucher dann die volkstümlich belebten Niederungen der „Königswelten" hinter sich; er begibt sich in die Zonen der höfischen Eleganz und der gehobenen Gastlichkeit. Das „RomantikRestaurant" im hohen Erdgeschoss mit seinen vollverglasten Außenwänden und den prunkvoll gerahmten riesigen Spiegeln nimmt auf die Kissinger Szenen im Musical und deren Spiegel-Illusionismus Bezug, zitiert also mit lapidar einfachen Mitteln den Fürstenglanz aus den Jubeltagen des Kurbads herbei. Der „PanoramaSaal" darüber prunkt vor allem mit seiner unvergleichlichen Rundumsicht auf den See und auf das Bergpanorama und mit seiner weiträumigen Terrasse.
Zwischen den Seitenflügeln schiebt sich der eigentliche Theaterbau mit den im Halbkreis um ihn herumgelegten, verglasten Foyers kräftig nach vorne. Im Erdgeschoss schmiegt sich die gekurvte, lange „ChampagnerBar" genau im Scheitel des Halbkreises unter die Zuschauerränge. Mit den schlanken blauen Rundstützen vor der Theke gibt sie eine spiegelbildliche Antwort auf die Stützen hinter der Drehbühne, die im Musical den Raum ins Unendliche zu öffnen scheinen.
Von dieser Bartheke aus kann man schön studieren, wie konsequent Josephine Barbarino und ihre architeam-Mitarbeiter – ihr Bruder Nico Rensch und der englische Möbel-Designer Ben Fowler – der bei Ludwig so nahe liegenden Verführung zum Kitsch und zur Opulenz widerstanden haben und sich beim Ausgestalten der Räume auf unaufdringliche Farben und einfache Materialien und beim Entwerfen der Möbel, Geländer und Türgriffe auf ganz wenige aus Ludwig-Motiven destillierte Dekorformen beschränkt haben. Den ganzen Wust an Richtstrahlern, Notlichtern, Lautsprechern und Rauchmeldern beispielsweise, den ein modernes Schauhaus in seinen Publikumsbereichen unterbringen muss, haben die Gestalter in den serienmäßig hergestellten zylinderförmigen Lampengehängen perfekt versteckt.
Die schachbrettartig aufgeteilte Rückwand der Bar, die als Glasregal fungiert, ist aus dem gleichen amerikanischen Walnussholz gefertigt, das auch bei den anderen Holzeinbauten im Haus benutzt wurde. Die beheizten Böden sind aus schlichtem grauem Beton. Das helle Grau der Sichtbeton-Doppelstützen kann als ferne Reverenz an die grau bemalten Renaissance-Fassaden der Münchner Residenz gedeutet werden. Das Weiß der Wände und das Blau der Säulen in der Bar summiert sich zum bayerischen Weiß-Blau, aber auch zum Farbakkord des Königsmantels, mit dem Ludwig II. in das kollektive Gedächtnis eingegangen ist. Auch die eigens für das Theaterfoyer entworfenen Polstermöbel ergehen sich einheitlich in den Farbtönen, die von der Umgebung angeschlagen werden; sie sind, wie auch die Sitze im Theater, mit schlichtem Filz – mit Tiroler Loden – bezogen und machen aus dem Foyer einen atmosphärisch angenehmen, modernen Raum, der auch als Lobby in einem Designer-Hotel reüssieren würde.
Nur bei den Gegenständen aus Metall hat sich das architeam graphische und plastische Anspielungen auf die ornamentale Welt Ludwigs erlaubt. Alle Metallteile sind aus Guss-Aluminium hergestellt, ergehen sich also in silbrigen Tönen, vermeiden den Anschein von Gold, der in einer dezidiert modernen Umgebung meist nur billig, ja fast ordinär wirkt.
So dienen etwa silbrig glänzende, plastische Ausformungen des stilisierten Schwanen-Motivs, das als Logo des Musicals fungiert, als Türgriffe. Die Füße der Bar- und Café-Tische ergehen sich in fast organischen Formen.
Die gegossenen Ornamentgitter der Treppengeländer, der Rangbrüstungen und der Wangen vor den Sitzreihen im Zuschaueraum sind aus den Lieblingszierformen Ludwigs – aus dem kunstvoll verschlungenen Initial L, der Bourbonen-Lilie, dem Schwanen- und dem Fächer-Motiv – zusammengesetzt. Dieser bewusste Bruch mit der Strenge der Modul-Architektur und mit der fast klassischen Formensprache hat etwas Spielerisch-Ironisches.
Beiderseits der „ChampagnerBar" führt je ein Treppenlauf in drei Absätzen an der gekurvten gläsernen Außenwand des Foyers entlang hinauf in den ersten Stock. Mit dieser doppelläufigen Treppenanlage, die ohne Stützen Höhe gewinnt und außerhalb der Glaswand ihre spiegelbildliche Entsprechung findet, hat Josephine Barbarino bewiesen, dass sich mit präzise detaillierten Betonfertigteilen repräsentative Architektur-Gesten gestalten und komplizierte statische Probleme verblüffend elegant lösen lassen. Die Treppensegmente im Inneren der Halle und ihre zwangsläufig weiter ausholenden Entsprechungen auf der Außenseite des Foyerzylinders sind jeweils als Einheit im Betonwerk gegossen und dann von außen oder von innen in die Stützen eingehängt worden. Die symmetrische Doppeltreppe schwingt sich innen wie außen in fünf Etappen bis in den zweiten Stock hinauf und erreicht das oberste Niveau genau am Ende des Halbkreises. So entstand eine Figur, die dem Bau innen wie außen eine unverwechselbare Gestalt gibt.
Vor allem das graphische Spiel der ornamentalen Gussgeländer in der Raumkurve und der schlichten stählernen Handläufe vor der Fensterwand zieht die Blicke auf sich. Das eigentliche Wunder aber ist, dass diese schwebend leichte Konstruktion mit den beheizbaren Außentreppen beiläufig auch die Fluchttreppenhäuser ersetzt, für die in anderen Theatern aufwendige Schächte reserviert oder hässliche Türme gebaut werden müssen. Aus der Not ist hier also mehr als eine Tugend gemacht worden; der lästige Zwang, der den Architekten

bei allen öffentlichen Bauten im Nacken sitzt, hat hier die freieste Form hervorgebracht. Wer diese (Flucht-)Treppen unter dem weiß-blauen Himmel betritt, wird zum Akteur in einem festlichen Spektakel.
Im ersten Stock, der als Zubringer zum ersten Rang dient, haben die Architekten im Scheitel der Kurve, also über der „ChampagnerBar", den maurisch ausstaffierten Salon der „Königsloge" eingerichtet; von dieser Aussichtskanzel aus haben die Musical-Besucher, die sich dort einkaufen, den privilegierten axialen Blick auf Schloss Neuschwanstein. Die exklusive Königsloge korrespondiert innerhalb des Theaters aber auch mit der Kantine im Garderobenbau, was noch einmal einiges über den humanen Charakter dieser Theater-Architektur und – um es in den Kategorien der freien Wirtschaft auszudrücken – über die „Unternehmensstrategie" und die „Führungskultur" im Musical Theater Neuschwanstein aussagt.
Im zweiten Stock läuft dann das Foyer noch einmal im Halbkreis um das Zuschauerhaus herum und bietet den Besuchern wie ein Panoramadeck die schönsten Ausblicke feil. Dort oben sind noch einmal einige der herrlich verspielten „Vitrinen" in die Wände eingelassen. Diese von Jürgen Kirner und Tanja Götz im Verband mit architeam und Heinz Hauser gestalteten, munter über alle festen Wände verteilten Schaufenster geben sich wie die Guckkasten-Bühnenbilder eines Puppentheaters, die einen ironisch gebrochenen Devotionalienkult mit der Legende und den Relikten aus Ludwigs irdischer Existenz betreiben. Besonders eindrucksvoll ist jene über mehrere Fenster sich hinziehende bizarre Meeresuntiefe aus grünen Flaschenscherben, über der das Modell eines Windjammers scheinbar schwerelos dahinzieht. Den größten Zulauf hat natürlich jene Vitrine, an der man mit einem Notbremsengriff das von Märklin gebaute Modell des königlichen Salonzugs und andere Modelleisenbahnen in Bewegung setzen kann.
Doch wir haben keine Zeit mehr zum Spielen. Die Vorstellung beginnt. Begeben wir uns also hinein in den Zuschauerraum. Durch je sechs Tore auf beiden Seiten wird das gesamte Parkett beschickt. Wie im Festspielhaus in Bayreuth ist der Orchestergraben durch einen flachen Deckel den Blicken entzogen, wie bei Wagner sind die Sitzreihen nach hinten um jeweils eine Stufe erhöht. Der schlichte helle Riemenboden, das braune Furnier der Rückenlehnen, die lodengrauen Bezüge der Klappsitze und die grauen Wände harmonieren auf ganz unspektakuläre Art miteinander. Die aufwändigen beleuchtungs- und beschallungstechnischen Anlagen sind fast perfekt weggeblendet: Hinter schmalen Fensterschlitzen in der Rückwand zwischen Parkett und erstem Rang sind die elektronischen Regie- und Mischpulte versteckt. In der Mitte der Decke ist ein kreis-

förmiges Segment so angehoben, dass durch den entstandenen Zwischenraum ganze Batterien von versteckten Scheinwerfern ihr Licht auf die Bühne werfen können.
Nun sitzen wir also im fächerförmig sich verengenden Zuschauerraum und lassen unsere Blicke durch die gebaute Perspektive auf das Bühnenportal und den silbrig-blauen Schwanen-Vorhang wandern. Die kräftig ausgebildeten, von der Seite hereindrängenden Scherwände machen mit ihren antikischen Kannelierungen – sie wurden eigentlich der Akustik wegen angebracht, dienen aber vor allem der Ästhetik – fast klassisch würdig Figur. Dass sie nebenbei in ihrem Inneren auch noch die Lüftungsrohre versteckt halten, also noch eine dritte wichtige Funktion ausüben, gehört zu den kleinen organisatorischen Wundern, die man überall im Haus entdecken kann.
König Ludwig, der sich zwischen den Kulissenwänden über den Türen in Büstenform niedergelassen hat, dürfte mit dem Haus, das die Vollstrecker seines Vermächtnisses für ihn errichtet haben, zufrieden sein. Und auch das Geschehen auf der Bühne, das in diesem Augenblick beginnt, scheint ihn bislang nicht sehr gestört zu haben. Nur einer der zwölf Köpfe hat den Blick von der Bühne abgewandt und auf die Königsloge gerichtet, wo der Ehrengast noch immer auf sich warten lässt …
Man muss aber gar nicht bis in den Zuschauerraum vorgedrungen sein, um das Musical Theater Neuschwanstein mit seinem großzügigen neubarocken Garten auf der Terrasse am See für eine der schönsten Attraktionen im Alpenvorland zu halten. Einen besseren Landeplatz für die Traumbotschaften des Königs kann es jedenfalls nicht geben. Selbst die Natur scheint manchmal neidisch zu sein auf das Treiben auf der Theaterinsel; jedenfalls holt sie an manchen Tagen zu grandios melodramatischen Meteorologie-Spektakeln aus, macht die Landschaft zur Bühne und die Terrassen und Kolonnaden des Theaters zum Zuschauerraum. Da kann es etwa passieren, dass am späten Nachmittag eines Wintertags – der Himmel ist schon wolkenfrei, die Berge aber sind noch von einer Nebelwand verdeckt – die schneebedeckte Spitze des Säulings, von der Abendsonne golden illuminiert, aus dem Wolkensaum herauswächst, immer höher in den klaren blauen Himmel steigt, bis man merkt, dass nicht der Berg wächst, sondern der hermelinweiße Wolkenmantel in zeremonieller Langsamkeit zu Boden sinkt. In solchen Momenten glaubt man dann König Ludwig selber in Überlebensgröße am Werk zu sehen.
Im bayerisch-schwäbischen Königswinkel versucht also die Natur die Künste nachzuahmen und das Theater zu übertreffen – und manchmal gelingt ihr das sogar.

Der stilisierte Schwan aus dem Logo des Musicals, in Aluminium gegossen, dient als Türgriff.

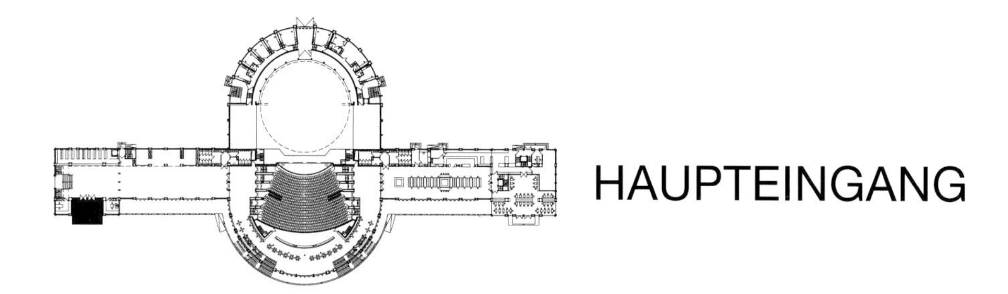

HAUPTEINGANG

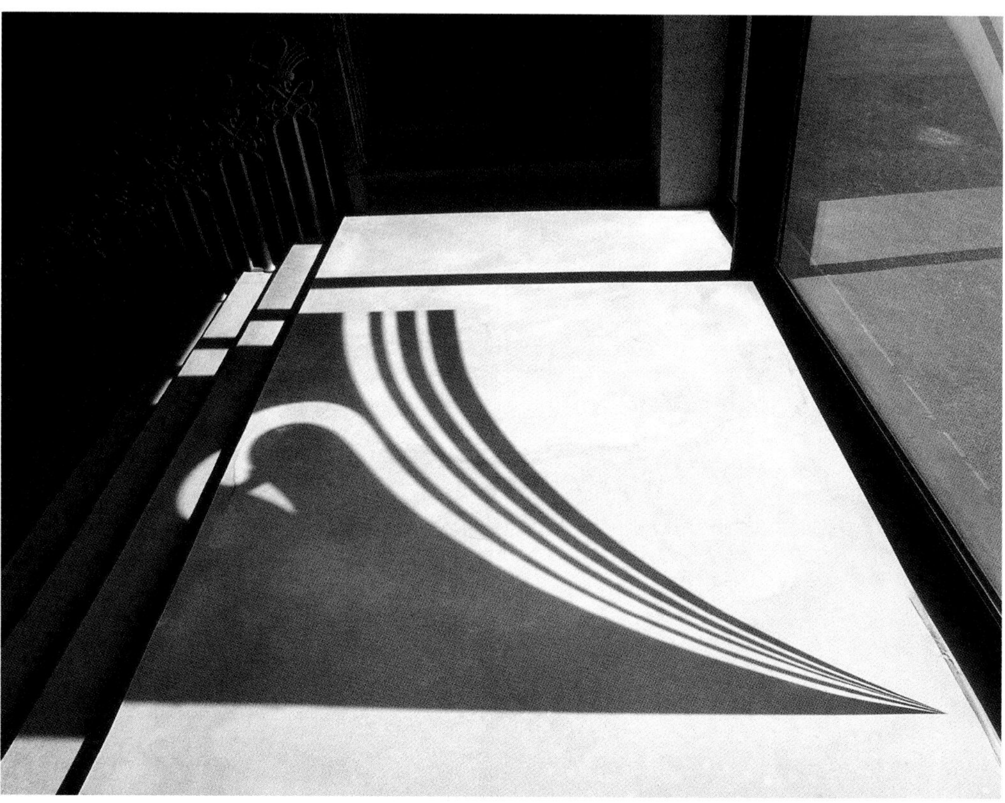

Oben: Das Logo des Musicals im Fenster des Westfassade wirft seine Schatten auf die Absätze der Treppe, die hinaufführt ins „ClassicCafé“
Rechte Seite: Und ewig rauscht der Wasserfall – auf der Musicalbühne (Marienbrücke, 3. Akt) oder in der Eingangshalle (Brunnen von Blazejewski).

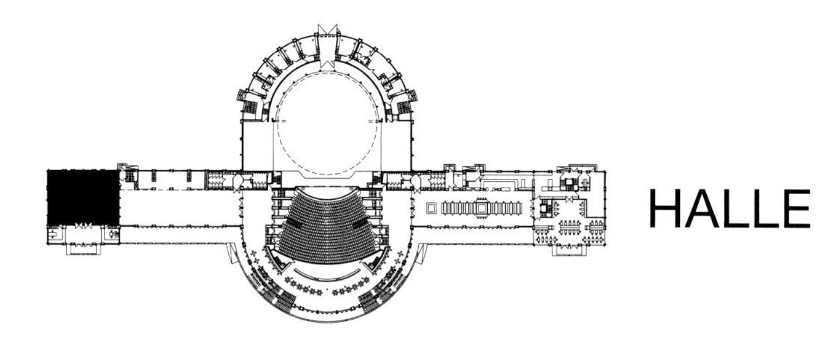

HALLE

Alle Hinweisleuchten und Schaukästen im Haus sind einheitlich mit Aluminium-Rahmen gefasst. Hier die Garderobe und die Besetzungsliste des Tages

Ludwig II. König von Bayern	[illegible]
Sissi, Kaiserin von Österreich	Hege G. Tjønn
Sophie, Prinzessin in Bayern	Manuela Röck
Hanfstaengl, Hoffotograf	Martin Sommerlatte
Nymphe Allergia	Ulrike Nieding
NympheTraumina	Nahoko Nishigami
Nymphe Spontaneia	Marishka Phillips
Dr. von Gudden / Otto von Bismarck	Axel Meinhardt
Ministerpräsident von Lutz	Winfried Hübner
Kabinettssekretär von Pfistermeister	Willy Beck
Richard Wagner	Dieter Kettenbach
Cosima von Bülow	Caroline Sommer
Hans von Bülow / Josef Kainz	Hartmut Schröder
Preuss. Gesandter / Franz Josef / Baumeister	Matthias Degen
Fremdenführer / Hofsekretär	Heiko Wolff
Prinz Otto	Julia Blind
Baroness von Ow	Stefanie Kröll
Freifrau von Roehrl	Feline Knabe
Georgina Hinterneier	Fatima Mestani
Freifrau von Almers	Lilly Kugler
Brigitta zu Ehrlicher	Katja Reichert
Fürstin von Thurn und Taxis	Viola Thaller
Oberstleutnant von Washington	Alberto Cirilo
Graf von Holnstein	Fernand Delosch
Stallmeister Hornig	Jandy Ganguly
Staatsminister von Crailsheim	Dietmar Ziegler
Fürst zu Hohenlohe	Markus Dickel
Prinz von Thurn und Taxis	Dominik Grimm
Bereiterin	Karin Häckel
Zwei Schlittenpferde	Alexander der Große, Ljochaly Chad
Dirigent / -in	Bartholomew Berzonsky

Die Wandbilder im „ClassicCafé" wurden von Genia Chef nach historischen Bild-Vorlagen im Computer kompiliert, die Tische und die Geländer von Ben Fowler und dem architeam entworfen.

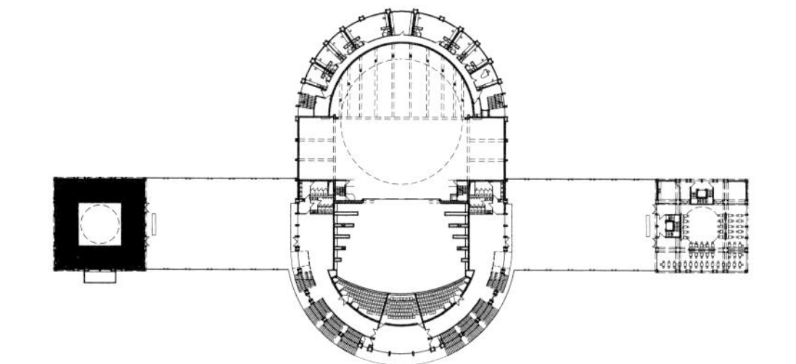

CLASSICCAFÉ

Alles, was im „TheaterMarkt" im westlichen Seitenflügel gekauft werden kann, hat direkt mit dem Musical zu tun. Wer will, kann sich beim Hofphotographen in Kostümen porträtieren lassen.

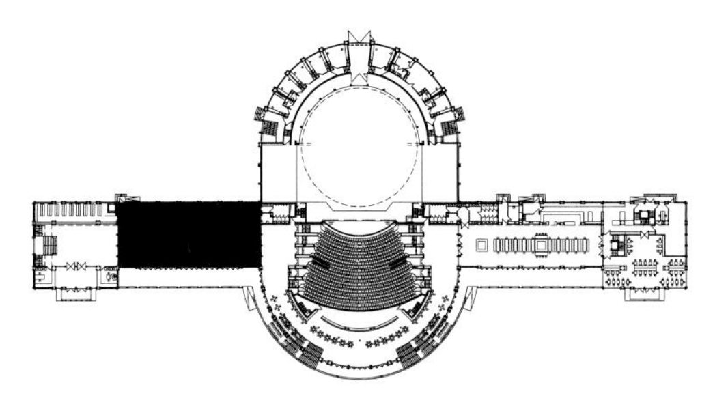

THEATERMARKT

HAUPTHAUS

Blaue Säulen als Korrespondenzen: Im Musical wird Ludwig direkt vor der Pause von den Nymphen in ein gigantisch dimensioniertes Phantasieschloss im Angesicht der Berge entführt. In der anschließenden Pause können sich die Besucher gegenseitig in die „ChampagnerBar“ entführen.

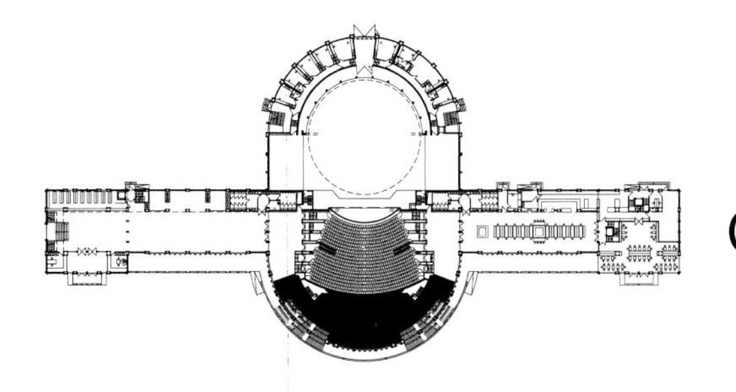

CHAMPAGNERBAR

GHJKLM

Der „Nymphenriss“ aus dem Bühnenbild des 1. Musical-Akts (oben links) tut sich, blau schimmernd, auch im Boden der „ChampagnerBar“ auf (rechts).

Oben: Zur Hauseröffnung war in den Wandelhallen des Musical Theaters kein Durchkommen.
Rechte Seite: Fast von jedem Punkt in den Foyers aus sind die Königsschlösser zu sehen.

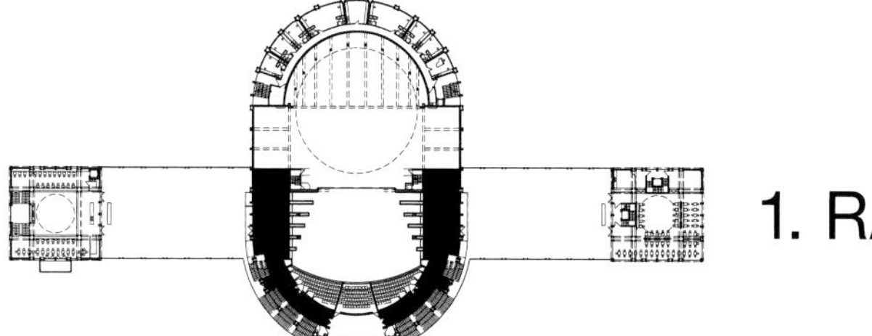

1. RANG

Königsloge

Menschenschlangen vor den Toilettentüren in der Pause wird es bei Ludwig nie geben. Die WCs sind über das ganze Haus und alle Stockwerke verteilt.

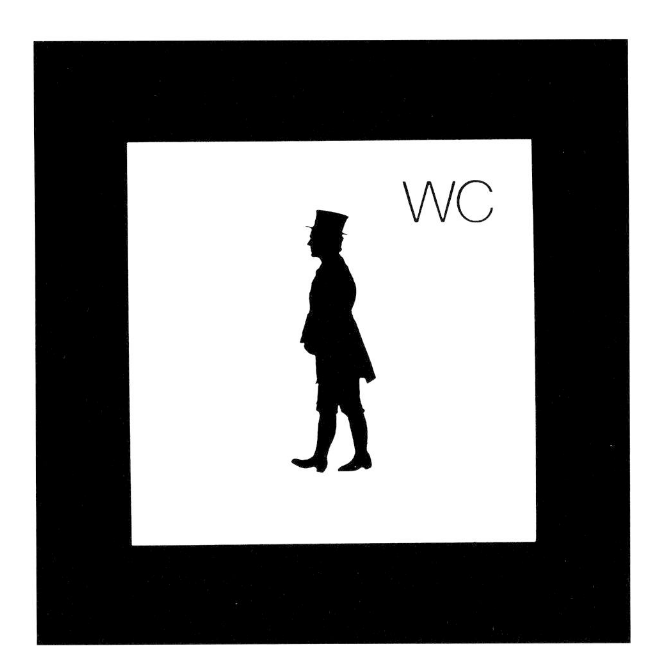

Die Toilettenschilder im Haus haben die gleiche Form wie die Vitrinen in den Wänden und im Boden; sie werden selber zu kleinen Guckkastenbühnen.

Der Pfauenthron im Maurischen Kiosk in Linderhof (oben) ist das Vorbild für Heinz Hausers Bühnenbild zur Kanapee-Cannabis-Szene im 4. Akt des Musicals (rechts).

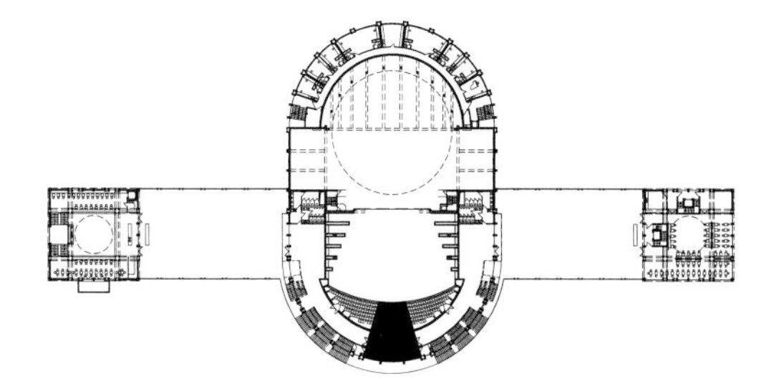

KÖNIGSLOGE